大展好書　好書大展

品嘗好書　冠群可期

大展好書　好書大展
品嘗好書　冠群可期

前　言

　　當你翻閱此書時，你看到的是跆拳道最直接、最實用、最具特色的腿法踢擊技術和九套跆拳道高級架型的動作示範圖。有關跆拳道的基礎理論，基本動作，競賽規則等內容，在北京體育大學出版社和人民體育出版社先後出版的由本人所著的《中國跆拳道》、《中國跆拳道實戰 100 例》、《跆拳道 200 問》、《跆拳道段位考核品勢精選》等著作中有專門詳盡的介紹和論述，本書將不再復述。在此，請恕我的惜墨如金。

　　書中不妥之處難免，還望各位前輩老師，同道友人，不吝賜教。

你們的朋友：岳維傳

　　註：《中國跆拳道實戰 100 例》
　　　　正體字版授權大展出版社有限公司出版

目　錄

動作示範

岳維傳　楊俊宏
張正勇　冉華強

上篇

跆拳道的
特色腿法
踢擊技術

一 前 踢

前踢，是跆拳道的基礎性腿法動作，對這一腿法技術的掌握和理解是學習好其他腿法的第一步。

前踢側面圖

1

2

3

我們的講解以左戰勢為例。右腳蹬地（身體重心移至左腳。）髖關節略向左旋轉，右腿以髖關節為軸屈膝直線上提至腹部或胸部時，髖關節前送，右小腿膝關節夾緊，並以膝關節為軸有彈性的快速向前方踢出，踢擊後右腿迅速放鬆，沿原路線收回。

受力點為：腳尖、腳背、
腳前掌；雙手握拳置於體側，
防禦對手的反擊或進攻。

前踢側面圖

1

2

3

主要攻擊部位是：面部、下額、腹部、襠部；左右腳應交替訓練，熟練掌握。

前踢攻擊上段實例

前踢攻擊中段實例

前踢攻擊下段實例

二 前　踢

　　橫踢，與前踢一樣是跆拳道的基礎性腿法，它是跆拳道運動中最常看到的動作之一，也是運動員在比賽過程中使用最多，得分機率較高的技術動作之一。

橫踢側面圖

1

2

3

4

　　左戰勢為例。右腳蹬地（身體重心移至左腳。）髖關節略向左旋轉，左前腳掌可稍微踮起向外旋轉，右腿以髖關節為軸屈膝直線上提至腹部或胸部時，髖關節左轉，右小腿膝關節轉向對方的腹部或胸部，右小腿以膝關節為軸有彈性的快速向左前方橫向踢出，踢擊後右腿迅速放鬆，沿原路線收回；受力點為：腳尖、腳背、腳前掌；雙手握拳置於體側，防禦對手的反擊或進攻。

主要攻擊部位是：頭部、腹部、肋部；左右腳應交替訓練，熟練掌握。

橫踢正面圖

1

2

3

4

橫踢攻擊下段實例

橫踢攻擊上段實例

橫踢攻擊中段實例

三 側踢

側踢，是跆拳道實戰中主要用來阻擋對手進攻的防守性技術，也是威力比賽中運動員經常用於擊破較厚攻擊目標的動作之一。

側踢側面圖

1

2

3

左戰勢為例。右腳蹬地（身體重心移至左腳。）髖關節向左旋轉 90 度，左前腳掌稍微踮起向外旋轉 180 度，右腿以髖關節為軸屈膝斜線上提至腰部時，髖關節左轉，身體右側對向對手，右腿以膝關節為軸快速向右側方向直線蹬出（踢擊時頭、肩、腰、髖、膝、腿和踝關節應在一條直線上。），踢擊後右腿迅速放鬆，沿原路線收回；受力點為：腳刀、腳後跟；雙手握拳置於體側，防禦對手的反擊或進攻

側踢正面圖

主要攻擊部位是：頭部、
胸部、腹部、肋部、膝部；攻
擊過程中如需攻擊對手的上段
時，上身可稍向身體左側傾斜
一點。左右腳應交替訓練，熟
練掌握。

側踢攻擊上段實例

側踢攻擊中段實例

側踢攻擊下段實例

四 勾 踢

勾踢，是跆拳道腿法中一種利用前腿直接攻擊對手的踢擊技術，其動作簡單實用，只是攻擊時的力度相對較小一些。

勾踢側面圖

1

2

3

右戰勢為例。右腳蹬地（身體重心移至左腳。），右腿以髖關節為軸，屈膝向上抬高，左前腳掌稍微踮起向外旋轉180度，右腳以膝關節為軸，繼續向前上方伸直，上身微向後仰，右腳前掌順勢用力往回勾打，踢擊後上身順勢右轉，右腳沿原路線收回（提膝、小腿伸直、屈膝往回勾打的動作要連貫快速一氣呵成。）

受力點為：腳前掌、腳後跟；雙手握拳置於體側，防禦對手的反擊或進攻。主要攻擊部位是：頭部、面部胸部、腹部；攻擊時上身可稍向後傾斜。左右腳應交替訓練，熟練掌握。

1

2

3

勾踢正面圖

勾踢攻擊實例

五　下劈踢

　　下劈踢，是跆拳道比較有特點的踢擊技術，也是比賽中運動員常用的技術動作之一，由於它的攻擊線路主要是由上往下踢擊（有一定的隱蔽性），這讓對手較難判斷其攻擊距離，因而攻擊一方較容易進攻或反擊得手。

下劈踢側面圖

1

2

　　左戰勢為例。右腳蹬地（身體重心移至左腳），髖關節略向左轉，右腿以髖關節為軸屈膝上抬至胸部（右腿膝蓋與胸部儘量貼近），在右小腿以膝關節為軸向上伸直的同時用力向上送髖，左腳後跟踮起，身體重心前移，將伸直的右腿用力劈下，右腳前掌落地。

　　受力點為：腳前掌、腳後跟；雙手握拳置於體側，防禦對手的反擊或進攻。

下劈踢正面圖

2

下劈踢攻擊實例

1

主要攻擊部位
是：頭部、面部鎖
骨、胸部；攻擊時
挺腰下壓。左右腳
應交替訓練，熟練
掌握。

六 雙飛踢

雙飛踢側面圖

2

1

3

雙飛踢，是跆拳道較有代表性的腿法，與隨後要介紹的四飛踢一樣，它較為突出的體現了跆拳道腿法對運動員在技術、速度、連續性、協調性等方面的要求，它也是跆拳道比賽中較為常用的技術動作之一，而且這一腿法和四飛踢或更高難度的六飛踢一樣，其本身還具有較好的表演性、觀賞性。

　　右戰勢為例。左腳蹬地（身體重心移至右腳），髖關節右轉，左腿以髖關節為軸屈膝上提至胸腹部時使用左腳橫踢攻擊對手胸腹部的同時，右腳蹬地快速騰起，髖關節左轉，使用右腿橫踢攻擊對手胸腹部（身體騰躍，髖關節轉動時要連續快速），也就是説在身體騰空的同時連續使用兩個橫踢動作攻擊對方。受力點為：腳背；雙手握拳置於體側，自由擺動，保持身體平衡或防禦對手的反擊或進攻。

雙飛踢正面圖

雙飛踢攻擊實例

1

2

主要攻擊部位
是：胸部、腹部、
肋部；攻擊時身體
可稍後傾。左右腳
應交替訓練，熟練
掌握。

七 四飛踢

7

6

四飛踢側面圖（2）

5

4

四飛踢，如前所述它是跆拳道較具代表性的腿法，它對運動員在技術、速度、難度、連續性、協調性等方面的要求要比雙飛踢高出許多，它同樣也是跆拳道比賽中較為常用的技術動作和得分手段。

四飛踢側面圖（1）

3

2

1

右戰勢為例。左腳蹬地（身體重心移至右腳），髖關節右轉，左腿以髖關節為軸屈膝上提至胸腹部時使用左腳橫踢攻擊對手胸腹部的同時，右腳蹬地快速騰起，髖關節左轉，使用右腿橫踢攻擊對手胸腹部，在身體未落下之前又接著分別再用左、右腳橫踢攻擊對手，也就是說在身體騰空的同時連續使用四個橫踢動作攻擊對方。受力點為：腳背；雙手握拳置於體側，自由擺動，保持身體平衡或防禦對手的反擊或進攻。

四飛踢正面圖

1

2

3

4

5

主要攻擊部位是：胸部、腹部、肋部；身體騰躍的高度，髖關節轉動的連續性、靈活性，雙腿踢擊的速度這幾方面因素的協調一致和完美結合是確保這一技術動作成功的關鍵。攻擊時身體可稍後傾。練好這一絕招的關鍵是：勤奮加智慧！

四飛踢攻擊實例

轉體 180 度橫踢側面圖

八　轉體 180 度橫踢

轉體 180 度橫踢，是在橫踢的基礎上將轉體動作與之有機結合產生的一個主要用於攻擊中遠距離的腿法，由於結合了轉體動作，極大地增加了該腿法的隱蔽性及變化的多樣性，如今這一腿法也是運動員在比賽中較為常用的腿法，已經成為跆拳道主要的技術動作之一。

右戰勢為例。左腳蹬地（身體重心移至右腳），髖關節向左後旋轉 180 度，左腳未落下的同時，右腿蹬地以髖關節為軸屈膝直線上提至腹部或胸部時，髖關節左轉，右小腿膝關節轉向對方的腹部或胸部，右小腿以膝關節為軸有彈性的快速向左前方橫向踢出，踢擊後右腿迅速放鬆，身體自然下落成右戰勢。受力點為：腳尖、腳背、腳前掌；雙手握拳置於體側，隨身體自然擺動，保持身體平衡，防禦對手的反擊或進攻。

轉體 180 度橫踢正面圖

轉體 180 度橫踢攻擊實例

1

主要攻擊部位是：
頭部、腹部、肋部；左
右腳應交替訓練，熟練
掌握。

2

九 轉身側踢

2

1

3

轉身側踢側面圖

4

　　轉身側踢，是跆拳道實戰中用於阻擋或反擊對手進攻的防守性技術，由於有了腰部的轉體動作其力度大大加強，它和側踢一樣也是威力比賽中運動員用於擊破較厚攻擊目標的主要技術動作之一。

轉身側踢正面圖

左戰勢為例。右腳蹬地（身體重心移至左腳），髖關節向右後旋轉 180 度，左前腳掌踮起向右轉 360 度，右腿以髖關節為軸屈膝斜線上提至腰部時，身體右側對向對手，右腿以膝關節為軸快速向右側方向直線蹬出（踢擊時頭、肩、腰、髖、膝、腿和踝關節應在一條直線上）。踢擊後右腿迅速放鬆，右腳自然下落成右戰勢。受力點為：腳刀、腳後跟；雙手握拳置於體側，防禦對手的反擊或進攻。

　　主要攻擊部位是：頭部、
胸部、腹部、肋部、膝部；攻
擊過程中如需攻擊對手的上段
時，身體可稍向身體左側傾斜
一點。左右腳應交替訓練，熟
練掌握。

轉體側踢攻擊實例

轉身後勾踢

轉身後勾踢，是跆拳道腿法中用於防守反擊的主要技術之一，由於有了腰部的轉體動作使其打擊力度相對勾踢來說大大提高，同時它也是跆拳道比賽中常用的動作之一。

1

2

轉身後勾踢側面圖

左戰勢為例。右腳蹬地（身體重心移至左腳），髖關節向右後旋轉180度，左前腳掌踮起向右轉360度，右腿以髖關節為軸屈膝斜線上提至腰部時，右腳以膝關節為軸繼續向前上方伸直，身體右側對向對手，上身微向後仰，右腳前掌順勢用力往回勾打，踢擊後上身順勢右轉，右腳自然落下成右戰勢（轉體、提膝、小腿伸直、屈膝往回勾打的動作要連貫快速一氣呵成）。受力點為：腳前掌、腳後跟；雙手握拳置於體側，自由擺動，保持平衡，防禦對手的反擊或進攻。

3

主要攻擊部位是：頭部、面部胸部、腹部；攻擊時上身可稍向後傾斜。左右腳應交替訓練，熟練掌握。

轉身後勾踢正面圖

轉身後勾踢攻擊實例

十 轉身後踢

轉身後踢,與轉身後勾踢一樣,也是跆拳道腿法中用於防守反擊的主要技術之一,同時它還是跆拳道比賽中較為常用的動作之一。

1

2

3

轉身後踢側面圖

4

轉身後踢正面圖

1

2

3

左戰勢為例。右腳蹬地（身體重心移至左腳），髖關節向右後旋轉 180 度，左前腳掌踮起向右轉 360 度，身體背對對手，上身微向前傾，右腿以髖關節為軸貼近左大腿 ，自左大腿內側由前向後，由下向上弧線踢出（轉體、踢腿要連續完成）。踢擊後身體順勢右轉，右腳自然落下成右戰勢。受力點為：腳後跟；雙手握拳置於體側，防禦對手的反擊或進攻。

主要攻擊部位是：襠部、頭部、胸部、腹部；左右腳應交替訓練，熟練掌握。

該腿法與轉身後蹬最大的不同和區別就在於：轉身後蹬是在轉體的同時右腿以髖關節為軸貼近左大腿屈膝提起後自左大腿內側由前向後直線蹬出。

轉體後踢攻擊實例

十二　騰空前踢

騰空前踢，是跆拳道腿法中主要用於攻擊中遠距離的腿法之一。在比賽中往往用於快速的追擊對手或直接進攻對手。

騰空前踢側面圖

3

2

1

右戰勢為例。左腳蹬地（先將身體重心移至右腿），髖關節右轉，左腿提膝向上的同時右腳蹬地，身體向上騰空躍起後髖關節左轉，右腿使用前踢的技術向前踢擊。踢擊後身體順勢落下成右戰勢。受力點為：腳尖、腳前掌、腳背；雙手用力上擺，配合左腿提膝和右腿蹬地使身體迅速騰空。

騰空前踢正面圖

1

2

3

主要攻擊部位是：頭部、面部胸部、腹部；左右腳應交替訓練，熟練掌握。

騰空前踢攻擊實例

騰空橫踢

騰空橫踢,是跆拳道腿法中主要用於攻擊中遠距離的腿法之一。

騰空橫踢側面圖

4

3

2

1

右戰勢為例。左腳蹬地(先將身體重心移至右腿),髖關節右轉,左腿提膝向上的同時右腳蹬地,身體向上騰空躍起後髖關節左轉,右腿使用前踢的技術向前踢擊。踢擊後身體順勢落下成右戰勢。

受力點為:腳尖、腳背、腳前掌;雙手用力上擺,配合左腿提膝和右腿蹬地使身體迅速騰空。

騰空橫踢正面圖

主要攻擊部位是：頭部、腹部、肋部；左右腳應交替訓練，熟練掌握。

騰空橫踢攻擊實例

十四　騰空後蹬

　　騰空後蹬，是跆拳道腿法中用於防守反擊的主要技術之一，由於腰部的轉體和其直線後蹬的發力方式使其打擊力度明顯較大，同時它還是跆拳道比賽中較為常用的動作之一。

騰空後蹬側面圖

3

2

1

　　左戰勢為例。右腳蹬地（身體重心移至左腳），髖關節向右後旋轉 180 度，右腿提膝向上的同時左腳蹬地，身體向上騰空躍起後右腿以髖關節為軸，自左大腿內側由前向後直線蹬出。踢擊後髖關節右轉，身體順勢落下成右戰勢。受力點為：腳後跟；雙手用力順身體向右後方擺動，配合右腿提膝和左腿蹬地使身體在右後轉的同時迅速騰空。

騰空後蹬正面圖

1

2

3

　　主要攻擊部位是：頭部、
胸部、腹部；左右腳應交替訓
練，熟練掌握。

騰空後蹬攻擊實例

下篇

跆拳道的
高級品勢
（架型）

一 高麗型

高麗，是朝鮮半島歷史上一個王朝的稱謂，是西元 918 年朝鮮半島建立的第一個統一的國家。1392 年高麗王朝被李成桂建立的王朝所取代，國號「朝鮮」。無論現今的朝鮮還是韓國均以高麗王朝的昌盛和作為高麗人的後裔而引以為榮。

高麗型：演練時的運行軌跡為「士」字圖形，在動作的運動變化中充分體現出跆拳道武士們「事君以忠，事親以孝、交友以信、臨戰無退、殺身有擇、身士不二」的宗旨。練習此型應深刻體會其中內含之精義，方能有所收益，事半而功倍。

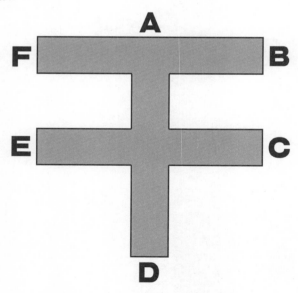

高麗型演練圖形

手：兩臂屈肘上抬至面部，雙手刀向外成三角形向前輕輕前移至面部30公分處停住。

方向：左腳向左平移一步，面向D方向。

站立：跨立。

預備勢

手：雙手刀由右向左做左手刀順位外防，右手刀置於胸前。

方向：右腳為軸，身體左轉，面向B方向，左腳在B線。

站立：右後屈立。

1

手：右手順位手刀攻擊頸部。

方向：左腳為軸，身體左轉180度，右腳向B方向先踢下段側踢，再踢中段側踢後落在B線。

2

站立：右前屈立。

2－1

手：左手逆位沖拳攻中段。

方向：身體，雙腳保持不變。

站立：右前屈立。

3

3-1

手：右手順位中段內防。

方向：左腳不動，右腳稍內收。

站立：左後屈立。

4

手：雙手刀由左向右做右手刀順位外防，左手刀置於胸前。

方向：左腳為軸，身體右後轉180度，面向F方向，右腳邁向F線。

站立：左後屈立。

5

手：左手順位手
刀攻擊頸部。

方向：右腳為軸，身體右轉180
度，左腳向 F 方向先踢下段側
踢，再踢中段側踢後落在 F 線。

站立：左前屈立。

6　　　　　**6-1**

手：右手逆位沖拳攻中段。

方向：身體，雙
腳保持不變。

站立：左前屈立。

7　　　　　**7-1**

手：左手順位中段內防。

方向：右腳不動，
左腳稍內收。

站立：右後屈立。

8

手：先左手刀下防，
再右掌拳攻擊上段。

方向：右腳為軸，身體左
90 度，左腳向 D 方向邁
一步，面向 D方向。

站立：左前屈立。

9

9-1

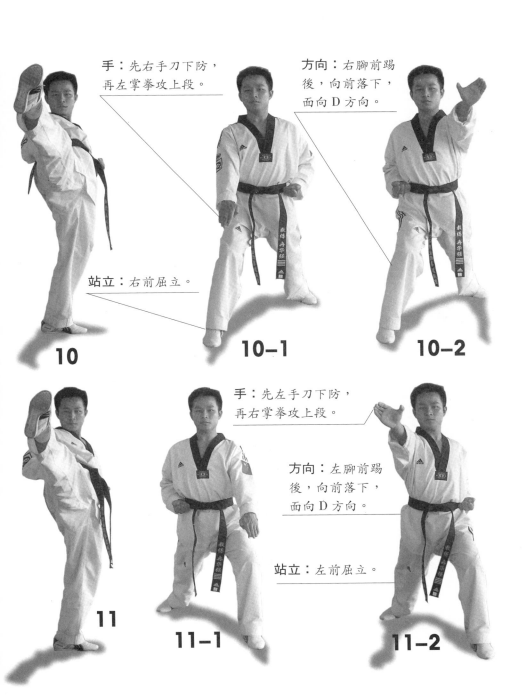

手：先右手刀下防，再左掌拳攻上段。

方向：右腳前踢後，向前落下，面向 D 方向。

站立：右前屈立。

10　　**10－1**　　**10－2**

手：先左手刀下防，再右掌拳攻上段。

方向：左腳前踢後，向前落下，面向 D 方向。

站立：左前屈立。

11　　**11－1**　　**11－2**

12

12－1

手：右手掌回收到左手腋下，左手掌下壓。

方向：右腳前踢後，向前落下，面向 D 方向。

站立：右前屈立。

12－1（側面）

手：雙手中段外
防。

方向：右腳為
軸，身體左後
轉 180 度，面
向 A 方向。

站立：右前屈立。

13

13–1（側面）

方向：左腳
前踢後向前
落下，面向
A 方向。

手：左手掌回收
到右手腋下，右
手掌下壓。

站立：左前屈立。

14　　　**14–1**　　　**14–1（正面）**

手：雙手中段外防。

方向：身體方向不變，
左腳稍回收。

站立：左高前屈立。

15

15（正面）

手：左手刀順位中段外防。

方向：左腳為軸，身體右後
轉270度，面向 C 方向。

站立：騎馬立。

16

手：右拳擊左掌，左手掌貼於右拳面。

方向：雙腳保持不變。

站立：騎馬立。

17

手：左貫手下擊，掌心向前，右拳回收至左胸前。

方向：右腳移到左腳前成右交叉立，雙手握拳收回腰部後，做左腳上段側踢，腳落地後身體右轉180度，面向E方向。

站立：右前屈立。

18　　　　**18-1**

手：右手順位
下段防禦，左
手收至腰部。

方向：右腳稍回
收，左腳不動。

站立：右高前
屈立。

19

方向：左腳向前一
步，左掌拳下防
後，右腳再向前一
步，面向 E 方向。

站立：騎馬立。

20

20（正面）

手：右手肘橫擊中段，
左手貼於右拳面。

20—1

手：右手刀順位中段外防。

方向：雙腳保持不變。

站立：騎馬立。

21

手：左拳擊右掌，右手掌貼於左拳面。

方向：雙腳保持不變。

站立：騎馬立。

22

方向：左腳移到右腳前成左交叉立，雙手握拳收回腰部後，做右腳上段側踢，腳落地後身體左轉180度，面向C方向。

23

手：右貫手下擊，掌心向前，左拳回收至右胸前。

站立：左前屈立。

23-1

手：左手順位下段防禦，右手收至腰部。

方向：左腳稍回收，右腳不動。

站立：左高前屈立。

24

方向：右腳向前一步，右掌拳下防後，左腳再向前一步，面向 C 方向。

25

25（正面）

手：左手肘橫擊中段，
右手貼於左拳面。

站立：騎馬立。

25-1

手：雙手由上向下畫
圓後，左手握拳拳椎
部位緊貼右掌心。

方向：左腳回收緊靠
右腳，雙手舉至頭
頂，由上向下，由外
向內畫圓圈方式下到
小腹前。

站立：併腳立。

26

26-1

手：先左手刀順位上段外擊，再左手刀順位下防。

方向：右腳為軸，左後轉 180 度，左腳邁向 A 方向，面向 A 方向。

站立：左前屈立。

27　　　　**27（正面）**

27-1　　**27-1（正面）**

手：先右手刀順位
上段內擊，再右
手刀順位下防。

方向：右腳向前一步，
邁向 A 方向。

站立：右前屈立。

28　　　　　**28（正面）**

28－1　　　　　**28－1（正面）**

手：先左手刀順位
上段內擊，再左手
刀順位下防。

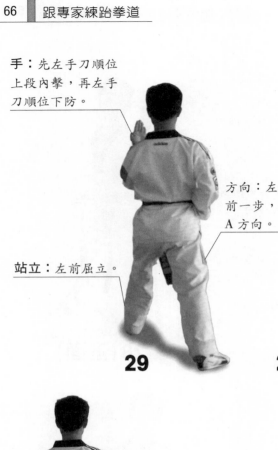

方向：左腳向
前一步，邁向
A方向。

站立：左前屈立。

29　　　　**29（正面）**

29-1　　　**29-1（正面）**

手：右掌拳攻擊上段。

方向：右腳向前一步，邁向 A 方向。

站立：右前屈立。

30

30（正面）

手：兩臂屈肘上抬至面部，雙手刀向外成三角形向前輕輕前移至面部 30 公分處停住。

方向：右腳為軸，左後轉身，面向 D 方向。

站立：跨立。

收勢

二 金剛型

金剛，是已知世界中最硬的物質，質地堅利，能切割雕刻堅石而不被破壞，此型以「金剛」得名，實為取其義也。

金剛型：演練時的運行軌跡為「山」字圖形，動作的採用中有很多霸王舉鼎的動作，也無不充分體現出一種雄壯無比的氣勢。整套架型表現出強烈的節度和力度，也預示著跆拳道武士無堅不摧的意志和堅忍不拔的品質。

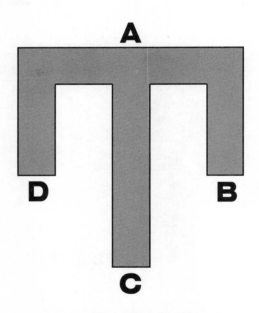

金剛型演練圖形

手：預備勢

方向：左腳向左平移
一步，面向 C 方向。

站立：跨立。

預備勢

手：雙手中段外防。

方向：左腳向前一
步，邁向 C 方向。

站立：左前屈立。

1

手：右手順位掌
拳攻上段。

方向：右腳向前一
步，邁向 C 方向。

站立：右前屈立。

2

手：左手順位掌
拳攻上段。

方向：左腳向前一
步，邁向 C 方向。

站立：左前屈立。

3

手：右手順位掌拳攻上段。

方向：右腳向前一
　　　步，邁向 C 方向。

站立：右前屈立。

4

手：左手順位手刀內防。

方向：右腳向後
　　　退一步，面向 C
　　　方向。

站立：右後屈立。

5

5(側面)

手：右手順位手刀內防。

方向：左腳向後退一
步，面向 C 方向。

站立：左後屈立。

6　　**6（側面）**

手：左手順位手刀內防。

手：左手下防，
右手上架。（金
剛防禦）

方向：右腳向後退一
步，面向 C 方向。

方向：左腳不動，右腳
提起貼於左腳，身體朝
C 方向，面向 B 方向。

站立：右後屈立。

站立：右單腳立。

7　　**8**

手：右橫拳攻擊中段，左墜肘後擊。

方向：右腳不動，左腳邁向 B 方向，身體朝 C 方向，面向 B 方向。

站立：騎馬立。

9

手：右橫拳攻擊中段，左墜肘後擊。

方向：先左腳為軸身體向左轉 180 度，再以右腳為軸身體向左再轉 180 度，動作連續，面向 C 方向。（連續轉體 360 度）

站立：騎馬立。

10

手：山形防禦。
（發聲「呀」）

方向：左腳為軸，
身體左轉，右腳抬
起用力落在 B 線，
面向 B 方向。

站立：騎馬立。

11（附圖）　　**11**　　**11（正面）**

手：雙手中段內防。

方向：右腳為軸，
身體右轉 180 度，
面向 D 方向。

站立：騎馬立。

12　　**12（正面）**

手：雙拳交叉於胸前緩慢且用力向兩側下防。

方向：右腳不動，左腳稍向右收，面向D方向。

站立：跨立。

13

13（正面）

手：山形防禦。

方向：右腳為軸，身體右轉，左腳抬起用力落在B線，面向B方向。

站立：騎馬立。

14（附圖） **14**

14（正面）

手：右手下防，左手上架。（金剛防禦）

手：左橫拳攻擊中段，右墜肘後擊。

方向：左腳為軸，身體右轉 90 度，右腳提起貼於左腳，面向 D 方向。

方向：左腳不動，右腳向 D 方向邁一步，身體朝 C 方向，面向 D 方向。

站立：左單腳立。

站立：騎馬立。

15

16

手：左橫拳攻擊中段，右墜肘後擊。

方向：先右腳為軸身體向右轉 180 度，再以左腳為軸身體向右再轉 180 度，動作連續，面向 C 方向。（連續轉體 360 度）

站立：騎馬立。

17

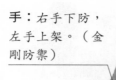

手：右手下防，左手上架。（金剛防禦）

方向：右腳不動，左腳提起貼於右腳，面向 D 方向。

站立：左單腳立。

18

手：左橫拳攻擊中段，右墜肘後擊。

方向：左腳不動，右腳邁同 D 線，身體朝 C 方向，面向 D 方向。

站立：騎馬立。

19

手：左橫拳攻擊中段，右墜肘後擊。

方向：先右腳為軸身體向右轉 180 度，再以左腳為軸身體向右再轉 180 度，動作連續，面向 C 方向。（連續轉體 360 度）

站立：騎馬立。

20

手：山形防禦。

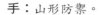

方向：右腳為軸，左腳抬起用力落在 D 線，面向 D 方向。

站立：騎馬立。

21（附圖）　**21**　**21（正面）**

手：雙手中段內防。

方向：左腳為軸，身體左轉 180 度，右腳落在 D 線，面向 B 方向。

站立：騎馬立。

22　**22（正面）**

手：雙拳交叉於胸前緩慢且用力向兩側下防。

方向：左腳不動，右腳稍內收，面向 B 方向。

站立：跨立。

23

23（正面）

手：山形防禦。

方向：左腳為軸，身體左轉 180 度，右腳抬起用力落於 D 線，面向 D 方向。

站立：騎馬立。

24（附圖）

24

24（正面）

手：左手下防，右手上
架。（金剛防禦）

方向：左腳為軸，身體
左轉 90 度，右腳提起
貼於左腳，身體朝 C，
面向 B 方向。

站立：左單腳立。

25

手：右橫拳攻擊中段，
左墜肘後擊。

方向：右腳不動，左腳向
B 方向邁出一步，身體朝
C 方向，面向 B 方向。

站立：騎馬立。

26

手：右橫拳攻擊中段，左墜肘後擊。

方向：先左腳為軸身體左轉180度，再以右腳為軸身體再左轉180度，動作連續，面向 C 方向。（連續轉體360度）

站立：騎馬立。

27

方向：右腳不動，左腳向右收回，面向 C 方向。

手：預備勢。

站立：跨立。

收勢

三 太白型

　　檀君，據說為天神之子與一位以熊為圖騰的部落女子所生的傳奇人物，建立了稱之為朝鮮的第一個王國。朝鮮意即「寧靜的晨曦之國」。

　　壯麗的太白山脈綿亙於韓國的整個東海岸，為韓國腹地擋住了東海波濤的衝擊，太白山也被認為是大韓民國的象徵，是他們民族歷史發展的開端，有如韓國民族的血脈。

　　太白型：演練時的運動軌跡為「工」字圖形，意含著天、地、人三者的融合，人立於天地之間，並由人的肢體動作表現出天與地相互交融的一種精神狀態。

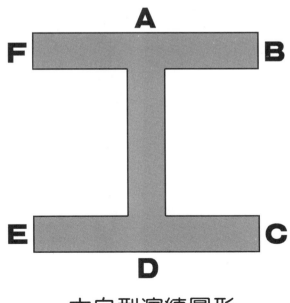

太白型演練圖形

手：預備勢。

方向：左腳向左平移
一步，面向 D 方向。

站立：跨立。

預備勢

方向：身體左轉 90
度，面向 B 方向。

手：雙手刀兩側下防。

站立：左貓足立。

1

2

手：先右手順位攻中段，後左手逆位攻中段。

2-1

方向：右腳前踢後向前落下在 B 線。

方向：左腳為軸，身體右後轉 180 度，面向 F 方向，右腳邁向 F 線。

手：雙手刀兩側下防。

站立：右前屈立。

站立：右貓足立。

2-2

3

手：先左手順位攻中段，後右手逆位攻中段。

4

4-1

手：左手刀上防，
右手刀內擊。

方向：右腳為軸，
身體左轉90度，左
腳邁向D方向。

站立：左前屈立。

方向：左腳前
踢後向前落下
在F線。

站立：左前屈立。

4-2

5

手：左手逆位攻中段。

方向：右手由上向下，由內向外下撥，右腳向前一步邁向 D 方向。

站立：右前屈立。

6附圖　　**6**

手：右手逆位攻中段。

方向：左手由上向下，由內向外下撥，左腳向前一步邁向 D 方向。

站立：左前屈立。

7附圖　　**7**

手：左手逆位攻中段。

方向：右手由上向下，由內向外下撥，右腳向前一步邁向 D 方向。

站立：右前屈立。

8附圖

8

手：右手上段防禦，左手中段外防。

方向：右腳為軸，身體左後轉 270 度，面向 E 方向。

站立：右後屈立。

9

9側面

手：右手勾拳，左手回收到右肩。

方向：方向不變，身體不變。

站立：右後屈立。

10

10側面

手：左手順位攻中段。

方向：方向不變，身體不變。

站立：右後屈立。

11

手：右拳拳心向上，拳椎
貼於腰部，左拳拳心向下
橫於中段。

方向：右腳不動，左腳
內收貼於右腳。

站立：右單腳立。

12

12正面

13

手：右肘橫擊於左手掌。

方向：左腳側踢後
向前落下在 E 線。

站立：左前屈立。

13-1　　**13-1正面**

手：左手上段防禦，
右手中段外防。

方向：左腳收靠於右腳
時右腳梭步向 C 方向
邁出一步，身體右轉
180 度，面向 C 方向。

站立：左後屈立。

14

手：左手勾拳，右手收到左肩。

方向：方向不變，身體不變。

站立：左後屈立。

15

15側面

手：右手順位攻中段。

方向：方向不變，身體不變。

站立：左後屈立。

16

方向：左腳不動，右腳內收貼於左腳。

站立：左單腳立。

17

手：左拳拳心向上，拳椎貼於腰部，右拳拳心向下橫於中段。

17正面

方向：右腳側踢後向前
落下在 C 線。

18

手：左肘橫擊於右手掌。

站立：右前屈立。

18-1

18-1正面

手：左手刀中段外防，
右手刀橫置於胸前。

方向：右腳收靠於左腳時，
左腳向 A 方向邁出一步，
面向 A 方向。

站立：右後屈立。

19　　**19正面**

手：左手掌下壓，
置於右腋下，右縱
貫手攻中段。

方向：右腳向前一步，
面向 A 方向。

站立：右前屈立。

20　　**20正面**

21附圖

21附圖背面

手：左手順位背拳攻擊。

方向：右腳為軸，身體左後轉360度，左腳邁向A方向，轉身時，右手回收到背後，待左手背拳攻擊時收至腰部。

站立：右後屈立。

21

21正面

手：右手順位沖拳攻中段。

方向：右腳向前一步
邁向 A 方向。

站立：右前屈立。

22　　　**22正面**

手：右手內腕外防，
左手外腕下防。

方向：右腳為軸，身
體左後轉 270 度，左
腳邁向 B 線，面向 B
方向。

站立：左前屈立

23　　　**23正面**

24

手：先右手順位攻中段，
再左手逆位攻中段。

方向：右腳前踢後
向前落下在 B 線。

站立：右前屈立。

24-1　　　　　**24-2**

手：左手內腕外防，右手外腕下防。

方向：左腳為軸，身體右後轉 180 度，右腳邁向 F 線，面向 F 方向。

站立：右前屈立。

25

25正面

方向：左腳前踢後向前
落下在 F 線。

26

手：先左手順位攻中段，
再右手逆位攻中段。

站立：左前屈立。

26-1　　　**26-2**

手：預備勢。

方向：右腳為軸，身體左轉收回左腳，面向 D 方向。

站立：跨立。

收勢

四 平原型

平原型：演練時的運行軌跡為「一」字圖形，充分體現出一種左右無限延伸至廣至遠的狀態，實乃人類生存發展之所依也。

此型預示著跆拳道武士心存和平，心存世界，追求至真、至純、至美的大無畏精神。

平原型演練圖形

手：左手掌重疊在右手掌之上，置於小腹前。

方向：雙腳併攏，面向 C 方向。

站立：併腳立。

預備勢

手：雙手刀兩側下防。

方向：左腳不動，右腳
向 D 方向平移一步。

站立：跨立。

1

手：雙手曲臂舉起至胸前時吸氣，
雙手刀向外成三角形，雙手向前平
推時呼氣，輕輕前移至面部 20 公分
處停住，雙手胸前推防。

方向：雙腳不動，
身體方向不變。

站立：跨立。

2

手：右手刀順位下防，左手握拳置於腰部。

方向：左腳不動，身體右轉，右腳邁向 D 方向。

站立：左後屈立。

3

手：左手刀順位外防，右手握拳置於腰部。

手：右提肘攻擊上段。

方向：雙腳同時轉動，身體左轉 180 度，面向 B 方向。

方向：左腳向前稍邁一步。

站立：右後屈立。

站立：左前屈立。

4

5

方向：右腳前踢後向前落
下，以右腳為軸，左後轉身
180 度的同時左腳側踢後向
前落下，轉身面向 D 方向。

6　　**6-1**

手：右手刀順位外防，
左手刀到置於胸前。

站立：左後屈立。

6-2

方向：雙腳不動，雙手舉至頭部，雙手成半圓由上向下，由前向後，由左肩畫下。

手：右手刀順位下防，左手刀置於胸前。

站立：左後屈立。

7附圖

7

手：右背拳攻擊上段，左拳胸前橫擊 D 方向。

方向：左腳不變，右腳內轉，身體轉向 C 方向，面向 D 方向。

站立：騎馬立。

8

手：先右背拳攻正面上段，左
　　拳橫置於胸前，接著左背拳攻
　　正面上段，右拳橫置於胸前，
　　兩次攻擊動作要連貫完成。

方向：左腳不動，右腳抬起向
原地用力踩下，左手向 C 方向
伸直後回收橫置於胸前，雙腳
不動，右手向 C 方向伸直後回
收橫置於胸前，面向 C 方向。

站立：騎馬立。

9

9附圖

9-1

手：雙頂肘側擊中段

方向：右腳原位，左腳
由右腳前方向 D 方向平
移一步，面向 D 方向。

站立：左交叉立。

10

手：山形防禦。

方向：左腳不動，右
腳向 D 方向平移一
步，面向 D 方向。

站立：騎馬立。

11

手：右手順位下格擋，左手上架。（金剛防禦）

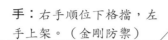

方向：左腳不變，右腳提起回收貼於左腳，面向 D 方向。

站立：左單腳立。

12

手：左提肘攻擊上段。

方向：左腳支撐，雙手收到腰間，右腳向 D 方向側踢後向前落下並向右轉身，面向 D 方向。

站立：右前屈立。

13

13-1

方向：左腳前踢後向前落下，以左腳為軸身體右後轉 180 度的同時，右腳向 D 方向側踢後落下，轉身面向 B 方向。

14

14-1

手：左手刀順位外防，右手刀置於胸前。

站立：右後屈立。

14-2

手：左手刀順位下防，右手刀置於胸前。

方向：雙腳不動，雙手舉至頭部，雙手成半圓由上向下，由前向後，由右肩畫下。

站立：右後屈立。

15　　　　　　**15附圖**

手：左背拳攻上段，右拳胸前橫擊 B 方向。

方向：右腳不變，左腳內轉，面向 B 方向。

站立：騎馬立。

16

手：先左背拳攻正面上段，右拳橫置於胸前，接著右背拳攻正面上段，左拳橫置於胸前，兩次攻擊動作要連貫完成。

方向：左腳抬起向原地用力踩下，右腳不變，右手向 C 方向伸直後回收橫置於胸前，雙腳不動，左手向 C 方向伸直後回收橫置於胸前，面向 C 方向。

站立：騎馬立。

17

17-1

手：雙頂肘側擊中段。

方向：左腳不動，右腳由左腳前方向 B 方向邁一步，面向 B 方向。

站立：右交叉立。

18

手：山形防禦。

方向：右腳不變，左腳
向 B 方向平移一步，
面向 B 方向。

站立：騎馬立。

19

手：左手順位下格擋，右
手上架。（金剛防禦）

方向：右腳不變，左腳提起回
收貼於右腳，面向 B 方向。

站立：右單腳立。

20

21

手：右橫肘攻擊中段。

方向：右腳支撐，雙手收到腰間，左腳向 B 方向側踢後向前落下並向左轉身，面向 B 方向。

站立：左前屈立。

21-1　　　　**21-1正面**

手：左手掌重疊
在右手掌之上，
置於小腹前。

方向：身體右轉，
收回左腳向右腳靠
近，面向 C 方向。

站立：併腳立。

收勢

五 十進型

十進型：演練時的運行軌跡為「十」字圖形，十者，九加一後所得，表示達到頂點，數字中的一種記法，逢十進位。

此型也預示了跆拳道技術和跆拳道精神發展至無限，無窮變化的境界，這也是人類創新精神之所在。

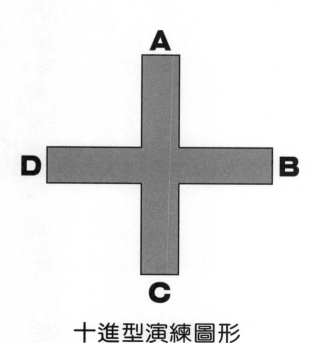

十進型演練圖形

手：牛形防禦。

手：預備勢。

方向：雙腳不動，
雙拳由下向上用力
舉至前額上方。

方向：左腳向左平移
一步，面向 C 方向。

站立：跨立。

站立：跨立。

預備勢

1

手：左手中段外防，右
手掌貼於左手腕部。

方向：身體左轉，
面向 B 方向。

站立：右後屈立。

2

手：左手用力緩慢向內旋轉，向腰部回收的同時做右平貫手中段攻擊。

方向：右腳微轉，左腳向前進半步。

站立：左前屈立。

3

手：先左拳順位攻中段後右拳逆位攻中段。（動作連貫）

方向：雙腳原位不動，面向 B 方向。

站立：左前屈立。

4

4-1

手：山形防禦。

方向：左腳不動，右腳向 B 方向進一步，面向 A 方向。

站立：騎馬立。

5

手：右拳順位攻中段。

方向：右腳不動，左腳從右腳前方向 B 方向移動成左交叉立的同時，右腳再向 B 方向平移一步，面向 B 方向。

站立：左交叉立變騎馬立。

6

6附圖

手：雙頂肘側擊中段。

方向：左腳為軸，身體左轉 180 度，
右腳邁向 D 方向，面向 D 方向。

站立：騎馬立。

7

手：右手中段外防，左
手掌貼於右手腕部。

方向：右腳先暫不動，待左
腳向右腳平靠後右腳稍向 D
方向前移一步。

站立：左後屈立。

8

手：右手用力緩慢向內旋轉向腰部回收的同時做左平貫手攻擊中段。

方向：左腳微轉，右腳向 D 方向邁一步。

站立：右前屈立。

9

手：先右拳順位攻中段後左拳逆位攻中段。（動作連貫）

方向：雙腳原位不動。

站立：右前屈立。

10　　　　**10-1**

手：山形防禦。

方向：右腳不動，左腳向 D 方向邁一步，面向 A 方向。

站立：騎馬立。

11

手：左拳順位攻中段。

站立：騎馬立。

方向：左腳原位，右腳從左腳前方向 D 方向移動成右交叉立的同時左腳再向 D 方向平移一步，面向 D 方向。

12　　**12附圖**

手：雙頂肘側擊中段。

方向：右腳為軸，身體
右轉180度，左腳邁向
B方向，面向B方向。

站立：騎馬立。

13

手：右手中段外防，左
手掌貼於右手腕部。

方向：左腳為軸，身體右
後轉180度，右腳邁向A
方向，面向A方向。

站立：左後屈立。

14　　　　　　　**14正面**

手：右手用力緩慢向內旋轉向腰部回收的同時做左平貫手攻擊中段。

方向：左腳微轉，右腳向 A 方向邁半步。

站立：右前屈立。

15

15正面

方向：雙腳原位。

站立：右前屈立。

16

16正面

手：先右拳順位攻中段後左拳逆位攻中段（動作連貫）。

16-1

16-1正面

手：左手刀順位下防，右手刀橫置於胸前。（掌心向上）

方向：右腳不動，左腳向 A 方向邁一步，面向 A 方向。

站立：右後屈立。

17

17正面

手：雙手掌由腰部向上推
防，雙手掌掌心向前，高
度至上額頭處。

方向：右腳向 A 方向邁
一步，面向 A 方向。

站立：右前屈立。

18

18正面

手：雙手刀胸前交叉後外防。

方向：身體左轉，
面向 D 方向。

站立：騎馬立。

19

19正面

方向：雙腳原位，兩膝慢慢伸直，面向 D 方向。

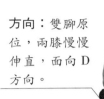

手：雙手刀慢慢做兩側下防後，慢慢緊握雙拳。

站立：跨立。

20

20正面

手：左橫拳攻擊中段後，置於胸部，右拳置於腰部。

方向：身體左轉 90 度，左腳邁向 C 方向，面向 C 方向。

站立：左前屈立。

21

手：雙手掌由腰部向上推防，雙手掌掌心向前，高度至上額頭處。

方向：雙腳原位，面向 C 方向。

站立：左前屈立。

22

22附圖

手：右長拳，左短拳攻擊中段。

方向：右腳前踢後向 C 方向落下，右腳前踢時雙拳回收至左腰部。

站立：右前屈立。

23

23-1

手：左長拳，右短拳攻擊中段。

方向：左腳前踢後向 C 方向落下，左腳前踢時雙拳回收至右腰部。

站立：左前屈立。

24

24-1

方向：右腳前踢後向 C 方向落下，左腳同時向 C 方向邁一步成右交叉立。

站立：右交叉立。

25

手：右背拳攻擊上段，左拳置於胸前，拳心向上。

25-1

手：雙手掌由腰部向上
推防，雙手掌掌心向
前，高度至上額頭處。

方向：右腳原位，
身體左轉 180 度，
左腳向 A 方向邁一
步，面向 A 方向。

站立：左前屈立。

26附圖

26

26正面

手：雙手刀交叉十字下防。

方向：右腳原位，
左腳向內稍收。

站立：左貓足立。

27　　　**27正面**

手：右手刀中段外防，
左手刀置於胸前。

方向：左腳不動，右腳
向 A 方向邁進一步，
面向 A 方向。

站立：左後屈立。

28　　　**28正面**

手：左長拳，右短
拳攻擊中段。

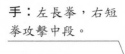

方向：右腳不動，左腳
向 A 方向邁進一步。

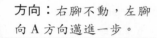

站立：右後屈立。

29　　　　　　　**29正面**

手：右長拳，左短
拳攻擊中段。

方向：左腳不動，右腳
向 A 方向邁進一步。

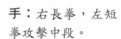

站立：左後屈立。

　　30　　　　　　　**30正面**

手：預備勢。

方向：右腳為軸，身
體左後轉 180 度，收回
左腳，面向 C 方向。

站立：跨立。

收勢

六 地跆型

地跆型之精神內涵與太極八章有異曲同工之妙。世間萬物無不依地而生，有生而後方能發展，凡立身處世定當有所依託。常言道：「本立而道生！」世人只有效法地之精神，充滿博愛、仁義之心，方能承載萬物靈長之職，最終傲立於天地之間。

地跆型：演練時的運動軌跡為「⊥」圖形，不正是映射出由地而指向天，傲然屹立於天地間之人的形象嗎？

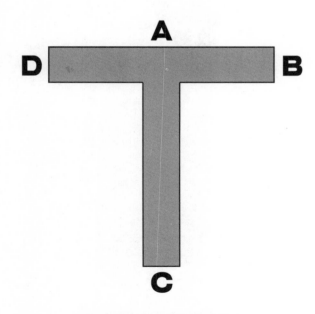

地跆型演練圖形

手：預備勢。

方向：左腳向左平移
一步，面向 C 方向。

站立：跨立。

預備勢

手：左手順位
中段外防。

方向：身體左轉，
面向 B 方向。

站立：右後屈立。

1

手：先右手緩慢用力外腕上防，後左手逆位攻中段。

方向：左腳稍轉，右腳向 B 方向邁進一步。

站立：右前屈立。

2

2-1

手：右手順位中段外防。

方向：左腳為軸，身體右後轉 180 度，面向 D 方向。

站立：左後屈立。

3

手：先左手緩慢用力外腕上防，後右手逆位攻中段。

方向：右腳稍轉，左腳向 D 方向邁進一步。

站立：左前屈立。

4

4－1

方向：右腳為軸，身體左轉 90 度，面向 C 方向。

站立：左前屈立。

手：左手順位下防。

5

手：左手刀上防。（5、6連續完成）

方向：右腳不動，左腳稍內收。

站立：右後屈立。

6

手：右手刀順位下防，左手刀橫置於胸前。

方向：右腳前踢後向前落下。

站立：左後屈立。

7

7－1

手：右手握拳順位
中段外防。

方向：雙腳，身體不變。

站立：左後屈立。

8

9

手：左手刀順位下防，
右手刀橫置於胸前。

方向：左腳前踢後
向前落下。

站立：右後屈立。

9－1

手：左手逆位上防，右手順位攻中段。

手：左手握拳緩慢用力順位上防。

方向：右腳不變，左腳向前移半步。

方向：右腳向 C 方向邁進一步。

站立：左前屈立。

站立：右前屈立。

10

11

手：先左手逆位內防，右手握拳置於腰部，後右手順位內防時左手握拳置於胸前。

方向：雙腳，身體不變。

站立：右前屈立。

12

12-1

手：左手刀順
位下防。

方向：左腳不變，
右腳向後退一步，
面向 C 方向。

站立：右後屈立。

方向：右腳向
C 方向前踢後
落回原位。

站立：左前屈立。

13

14

14—1

手：先右拳逆位
攻中段，後左拳
順位攻中段。

14—2

手：牛形防禦。

方向：右腳為軸，身體左後轉90度，面向B方向。

站立：騎馬立。

15

15正面

方向：雙腳，身體不變，面向A方向。

手：左手順位下防。

站立：騎馬立。

16

16正面

手：右手刀中段外防。

方向：扭腰轉體，
面向 C 方向。

站立：騎馬立。

17

17正面

手：左手拳椎攻擊右手掌。

手：右手順位下防。

方向：身體保持不
變，面向 C 方向。

方向：左腳不變，右
腳內收提起緊貼左
腳，面向 C 方向。

站立：騎馬立。

站立：左單腳立。

18

19

手：雙手收回左腰部。

方向：左單腳立不變，
面向 C 方向。

站立：左單腳立。

20

手：左手順位下防。

方向：右腳側踢落下後左
腳向內收提起緊貼右腳，
面向 A 方向。

站立：右單腳立。

21

21-1

手：雙手收回右腰部。

方向：右單腳立不變，
面向 A 方向。

站立：右單腳立。

22

23

23正面

手：右拳逆位攻中段。

方向：左腳側踢後向前落下，面向 A 方向。

站立：左前屈立。

23-1　　**23-1正面**

手：右拳順位攻中段。

方向：右腳向前邁一步，面向 A 方向。

站立：右前屈立。

24　　**24正面**

手：左手刀順位下防，右手刀橫置於胸前。

方向：右腳為軸，身體左後轉 270 度，面向 B 方向。

站立：右後屈立。

25

手：右手刀中段外防，左手刀橫置於胸前。

方向：左腳稍轉，右腳向 B 方向邁進一步。

站立：左後屈立。

26　　　　**26正面**

手：右手刀順位下防，
左手刀橫置於胸前。

方向：左腳為軸，身
體右後轉180度。面
向D方向。

站立：左後屈立。

27

手：左手刀中段外防，
右手橫置於胸前。

方向：右腳稍轉，左
腳向D方向邁進一
步，面向D方向。

站立：右後屈立。

28　　　　**28背面**

手：預備勢。

方向：右腳為軸，身體左後轉 180 度，收回左腳，面向 C 方向。

站立：跨立。

收勢

七 天拳型

　　天拳型：演練時的運行軌跡為「丅」圖形，充分體現出人們對天的尊崇之情。天之博大威儀，萬物生成之根源，修身進德之所往，內心之感悟體現實在無以言喻。演練此型應心靜如一，思想純正，注意體現心性合一，精神與動作有機結合，這樣必然達到：「心有所想而行之所往。」的完美境界。

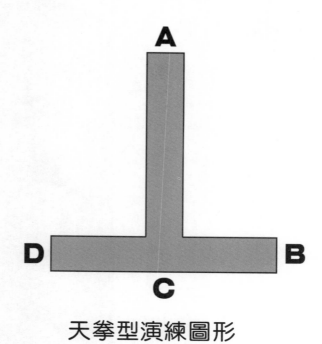

天拳型演練圖形

手：雙手併合，手指
尖緊貼手腕，由下向
上慢慢拉起至胸前。

手：左手掌在下
右手掌在上，併
合置於小腹處。

方向：雙腳併立，
面向 C 方向。

方向：雙腳不動，
方向不變。

站立：併腳立。

站立：併腳立。

預備勢

1

站立：併腳立。

2

手：雙手掌用力向左右
兩側緩慢平伸手掌，同
時將雙手回收於胸前，
左手在右手的前面，然
後將雙手舉過頭頂，如
同鷹展雙翅一般。

方向：雙腳不動，
方向不變。

2附圖1

2附圖2

手：雙手中指
拳攻中段。

方向：左腳向
後移一步，面
向 C 方向。

站立：右貓足立。

站立：右前屈立。

3

手：左手刀中段
外防，右手握拳
置於腰部。

方向：右腳斜
進一步。

4

手：左手掌向外扭轉收回腰部的同時，右拳逆位攻中段。

方向：左腳向 C 方向邁進一步。

站立：左前屈立。

5

5—1

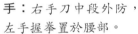

手：右手刀中段外防，左手握拳置於腰部。

方向：雙腳，身體不變。

站立：左前屈立。

6

手：右手掌向外扭轉收回腰部的同時，左拳逆位攻中段。

方向：右腳向 C 方向邁進一步。

站立：右前屈立。

7

7–1

手：左手刀中段外防，右手握拳置於腰部。

方向：雙腳，身體不變。

站立：右前屈立。

8

手：左手順位下防，右手握拳置於腰部。

方向：左腳向 C 方向側踢後落下。

站立：左前屈立。

9　　　　**9-1**

手：右手順位沖拳攻中段。

方向：右腳向 C 方向邁進一步。

站立：右前屈立。

10

方向：右腳為軸，身
體右後轉 270 度，面
向 D 方向。

手：左手握拳順位中段
外防，右拳置於胸前。

站立：右後屈立。

11

11側面

手：左臂回收到面部畫半
圓後左拳順位攻中段。

方向：雙腳，身體不變。

站立：右後屈立。

12

手：左手上防後收回腰部，右拳順位攻中段。

方向：右腳向 D 方向邁進一步，面向 D 方向。

站立：左後屈立。

13　　**13-1**

手：右手握拳順位中段外防，左拳置於胸前。

方向：左腳為軸，身體右後轉 180 度，面向 B 方向。

站立：左後屈立。

14　　**14側面**

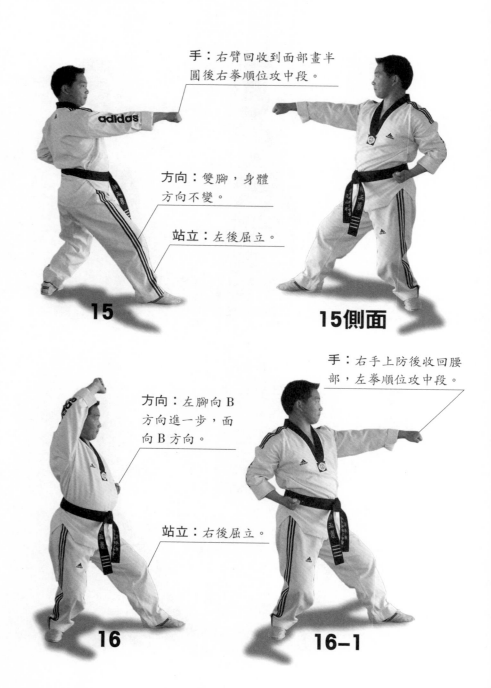

手：右臂回收到面部畫半圓後右拳順位攻中段。

方向：雙腳，身體方向不變。

站立：左後屈立。

15

15側面

方向：左腳向 B 方向進一步，面向 B 方向。

站立：右後屈立。

16

手：右手上防後收回腰部，左拳順位攻中段。

16－1

手：右手中段外防，左手握拳置於腰部。

方向：右腳為軸，身體左轉90度，面向 A 方向，左腳落向 A 方向。

站立：左前屈立。

17

17正面

手：左手順位沖拳攻中段。

方向：雙腳，身體方向不變。

站立：左前屈立。

18

18正面

方向：右腳前踢後向前落下。

19　　　　**19正面**

手：右手順位沖拳攻中段。

站立：右前屈立。

19-1　　　　**19-1正面**

手：右手刀順位下防，左手刀置於胸前。

方向：左腳不動，右腳向內稍收。

站立：左後屈立。

20

20正面

手：左拳擊右掌，右掌順位下段防禦，左拳變為掌置於胸前。（動作要連續）

方向：方向不變，身體不變，雙腳微向前平移半步。

站立：左後屈立。

21

21正面

手：左手上防，右拳順位攻中段。

方向：身體左轉向 D 方向，面向 A 方向。

站立：騎馬立。

22　　　　**22正面**

手：左手上防，右拳順位攻中段。

站立：騎馬立。

23　　　　**23正面**

方向：右腳跳起，身體在空中左後轉360度，右腳內旋踢，落地後身體向 D 方向，面向 A 方向。

23附圖1

23附圖2

手：左手刀順位下防（動作緩慢），右手刀上段外防。

方向：身體轉向 D 方向，左腳向左轉，面向 C 方向。

站立：右後屈立。

24

24側面

手：右手刀順位下防
（動作緩慢），左手
刀上段外防。

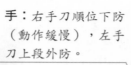

方向：身體轉向 D 方
向，面向 A 方向。

站立：左後屈立。

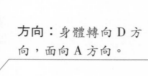

25　　　　**25側面**

手：雙手畫圓後緩慢用力由
內向外推出（推山式）。

方向：右腳為軸，身體左
後轉 90 度，面向 C 方向，
左腳向右腳併攏，雙手由
上向下圓弧運動，接著右
腳再向前邁半步。

站立：併腳立變右貓足立。

26　　　　**26附圖**

手：雙手畫圓後緩慢手力由內向外推出（推山式）。

方向：右腳不動，左腳向右腳靠攏，雙手由上向下圓弧運動，接著左腳再向前邁半步。

站立：併腳立變左貓足立。

27

27附圖

手：左手掌在下右手掌在上，併合置於小腹處。

方向：回左腳和右腳併攏。

站立：併腳立。

收勢

八 漢水型

　　漢水，即：銀河之水，上天之水。水者，萬物維繫生存之源，無色、無味、無形之狀態。水滴而穿石，遇阻而曲回，滾滾激流一瀉千里，注入平湖而寧靜甜美，驚濤駭浪而威力無邊。這動靜相宜，張弛有度，又何嘗不是跆拳道之精神的另一種詮釋呢？

　　漢水型：演練時運動軌跡為「水」字圖形，真可謂形如其神，神如其形也。

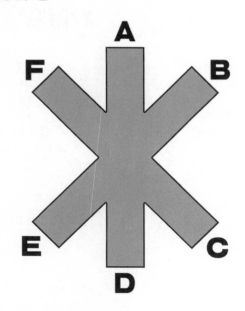

漢水型演練圖形

手：左手掌在上右手掌在下，併合置於小腹處。

手：雙手刀內腕中段外防。

方向：雙腳併立，面向 D 方向。

方向：左腳向前邁進一步，面向 D 方向。

站立：左前屈立。

站立：併腳立。

預備勢

1

手：雙拳椎由外向內攻中段。

手：左手順位下防，右手防右上段。（半山形防禦）

方向：右腳向前進一步，面向 D 方向。

站立：右前屈立。

方向：右腳向 A 方向退一步，面向 D 方向。

站立：右前屈立。

2

3

手：右手逆位攻中
段，左手握拳置於
腰部。

方向：身體左轉，
面向 D 方向，雙腳
原位，左腳稍向外
邁一小步。

站立：左前屈立。

4

手：右手順位下防，
左手防左上段。（半
山形防禦）

方向：左腳向 A
方向退一步，
面向 D 方向。

站立：左前屈立。

5

手：左手逆位攻中段，
右手握拳置於腰部。

方向：身體右轉，
面向 D 方向，雙
腳原位，右腳稍向
外邁一小步。

站立：右前屈立。

6

手：左手順位下防，
右手防右上段。（半
山形防禦）

方向：右腳向 A
方向退一步，面
向 D 方向。

站立：右前屈立。

7

手：右手逆位攻中段，左手握拳置於腰部。

手：雙手刀內腕中段外防。

方向：身體左轉，面向D方向，雙腳原位，左腳稍向外邁一小步。

方向：右腳向D方向邁進一步，面向D方向。

站立：左前屈立。

站立：右前屈立。

8

9

手：左手平貫手攻擊喉部，右手掌置於左腋下。

方向：身體左轉45度，左腳向C方向邁一步，面向C方向。

站立：左前屈立。

10

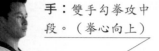

手：雙手勾拳攻中段。（拳心向上）

方向：右腳向左腳靠近，面向 C 方向。

站立：併腳立，膝蓋彎曲。

11

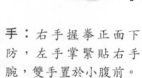

手：右手握拳正面下防，左手掌緊貼右手腕，雙手置於小腹前。

方向：身體左轉 90 度，左腳向 F 方向邁一步，面向 B 方向。

站立：騎馬立。

12

12側面

手：左手刀順位下防，
右手刀上防。

方向：身體右後轉
180 度，右腳邁向 F
方向，面向 C 方向。

站立：右後屈立。

13

手：右拳置於腰部，
左拳橫置於胸部。

方向：右腳為軸，身
體左轉 90 度，左腳
提起緊貼右腳，面向
B 方向。

站立：右單腳立。

14

手：右手刀上段內擊，左手刀上段外防。

方向：左腳側踢後向 B 方向落下，面向 B 方向。

站立：左前屈立。

15

15-1

手：右背拳攻中段。

方向：右腳前踢攻上段後落下，左腳前跳進一步，面向 B 方向。

站立：右交叉立。

16

16-1

手：左手刀順位外擊。

方向：左腳向 E 方向退
一步，面向 E 方向。

站立：騎馬立。

17

18

手：右橫肘攻中段。
（左手掌貼於右肘面）

方向：身體左轉，右腳
內旋踢，踢在左手掌上
落下，面向 E 方向。

站立：騎馬立。

18-1

手：右手平貫手攻喉部，左手掌置於右腋下。

手：雙手勾拳攻中段。（拳心向上）

方向：左腳先向右腳併攏後，右腳再向 E 方向邁進一步，面向 E 方向。

方向：左腳向右腳靠近，面向 E 方向。

站立：右前屈立。

站立：併腳立，膝蓋彎曲。

19

20

手：左手握拳正面下防，右手掌緊貼左手腕，雙手置於小腹前。

方向：身體右轉 90 度，右腳向 B 方向邁一步，面向 F 方向。

站立：騎馬立。

21

21側面

方向：身體左後轉 180 度，左腳向 B 方向退一步，面向 E 方向。

手：右手刀順位下防，左手刀上防。

站立：左後屈立。

22

方向：左腳為軸，身體右轉 90 度，右腳提起緊貼左腳，面向 F 方向。

手：左拳置於腰部，右拳橫置於胸部。

站立：左單腳立。

23

手：左手刀上段內擊，右手刀上防。

方向：右腳側踢後向 F 方向落下，面向 F 方向。

站立：右前屈立。

24

24-1

手：左背拳攻中段。

方向：左腳前踢攻上段後落下，右腳前跳進一步，面向 F 方向。

站立：左交叉立。

25

25-1

手：右手刀順位外擊。

方向：右腳向 C 方向退一步，面向 C 方向。

站立：騎馬立。

26

手：左橫肘攻中段。（右手掌貼於右肘面）

方向：身體右轉，左腳內旋踢，踢在右手掌上落下，面向 C 方向。

站立：騎馬立。

27　　　　**27－1**

手：左手掌在上右手掌在下，併合置於小腹處。

方向：身體左轉，收回右腳向左腳靠近，面向 D 方向。

站立：併腳立。

收勢

九　一如型

一如型：演練時的運動軌跡見下圖形，此型是人類智慧和佛學思想在跆拳道精神、理念中的完美結合，也是精神和形體高度統一，意義平實自然的一套架型。

一，同一；如，適合；一如，完全一樣；這與《金剛經》中佛祖釋迦牟尼就「如來」下的注釋：「無所從來，亦無所去，故名如來。」實為一樹之二果！世間萬物不生不滅，不動不靜，當然無喜無憂，不高不矮，世事平等，永遠存在，禪宗六祖惠能偈語：「菩提不是樹，明鏡亦非台，本來無一物，何處染塵埃！」再如：「佛在心中莫浪求，靈山只在汝心頭。人人有個靈山塔，只向靈山塔下修。」這是何等的智慧與真實，透過跆拳道的訓練和學習能達到這一番境界，不是賢人也是智者了！這等人性光明之覺醒，還需言語肢體何用？

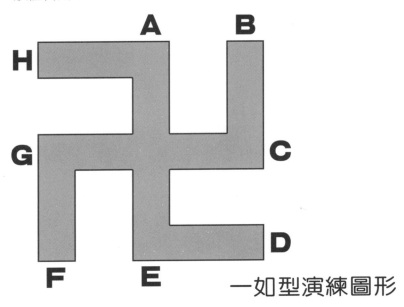

一如型演練圖形

手：雙手由下向上在胸前
併合，左掌包住右拳。

手：左手刀上段順位外
防，右手刀置於胸前。

方向：左腳向 E 方向邁
進一步，面向 E 方向。

方向：雙腳併攏，
面向 E 方向。

站立：右後屈立。

站立：併腳立。

預備勢

1

手：右手順位沖拳攻中
段，左拳置於腰部。

方向：右腳向 E 方向邁
進一步，面向 E 方向。

站立：右前屈立。

2

方向：身體左轉，左腳向 D 方向邁一步，面向 D 方向。

手：左手順位下防，右手上防。（金剛防禦）

站立：右後屈立。

3

手：左手刀中段順位外防，右手刀置於胸前。

方向：右腳為軸，身體左轉 90 度，左腳邁向 A 方向，面向 A 方向。

站立：右後屈立。

4

4正面

手：右手遞位沖拳攻中段，左手握拳置於腰部。

方向：雙腳，身體不變。

站立：右後屈立。

5

5正面

手：右縱貫手攻中段，左手掌置於右腋下。

方向：右腳向 A 方向邁進一大步，左腳隨即提起緊貼右膝的後面，面向 A 方向。

站立：右單腳立（右膝微彎曲）。

6

6正面

手：山形防禦。

方向：右腳直立，左腳
側踢，面向 A 方向。

站立：右單腳立。

7

7正面

手：雙手十字上防。

方向：左腳側踢向 A 方
向落下，面向 A 方向。

站立：右後屈立。

8

8正面

手：右手順位沖拳攻中段，
左手握拳置於腰部。

方向：右腳向 A
方向邁進一步，
面向 A 方向。

站立：右前屈立。

9

9正面

手：左手刀上段順位外
防，右手刀置於胸前。

手：左手順位下防，右手
上防。（金剛防禦）

方向：身體左轉，左腳向 H
方向邁一步，面向 H 方向。

方向：右腳為軸，身體
左轉 90 度，左腳邁向
E 方向，面向 E 方向。

站立：右後屈立。

站立：右後屈立。

10

11

手：右手逆位沖拳攻中段，左手握拳置於腰部。

手：右縱貫手攻中段，左手掌置於右腋下。

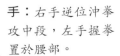

方向：右腳向 E 方向邁進一大步，左腳隨即提起緊貼右膝的後面，面向 E 方向。

方向：雙腳，身體不變，面向 E 方向。

站立：右後屈立。

站立：右單腳立（右膝微彎曲）。

12

13

手：山形防禦。

方向：右腳直立，左腳向 C 方向側踢，面向 C 方向。

站立：右單腳立。

14

手：雙手十字上防。

手：右手順位沖拳攻中段，左手握拳置於腰部。

方向：左腳側踢向 C 方向落下，面向 C 方向。

方向：右腳向 C 方向邁進一步，面向 C 方向。

站立：右後屈立。

站立：右前屈立。

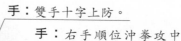

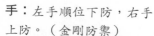

15

16

手：左手順位下防，右手上防。（金剛防禦）

方向：左腳向 B 方向邁一步，面向 B 方向。

站立：右後屈立。

17

17正面

手：雙手握拳置於腰部。

方向：右腳為軸，身體左後轉 90 度，左腳慢慢的向右腳併攏，面向 G 方向。

站立：併腳立。

18

18正面

方向：右腳前踢攻上段落地後，迅速左腳騰空側踢，面向 G 方向。

19

19-1

手：雙手十字上防。

站立：右後屈立。

19-2

手：右手順位沖拳攻中段，左手握拳置於腰部。

方向：右腳向 G 方向邁進一步，面向 G 方向。

站立：右前屈立。

20

手：左手順位下防，右手
　　上防。（金剛防禦）

方向：左腳向 F 方向邁
　　一步，面向 F 方向。

站立：右後屈立。

21

手：雙手握拳置於腰部。

方向：右腳為軸，身體左
後轉 90 度，左腳慢慢的向
右腳併攏，面向 C 方向。

站立：併腳立。

22　　　　**22正面**

方向：左腳前踢攻
上段落地後，迅速
右腳騰空側踢，面
向 C 方向。

23

23-1

手：雙手十字上防。

手：雙手由下向上在胸前
併合，左掌包住右拳。

方向：左腳為軸，身體右
後轉 90 度，收回右腳向左
腳靠近，面向 E 方向。

站立：左後屈立。

站立：併腳立。

23-2

收勢

附一
跆拳道
腿法輔助
訓練圖例

　　為了使跆拳道的技術動作由一定的特殊訓練達到動作標準，規範，快速有力之目的，訓練過程中我們往往將一些技術動作進行分解訓練，這樣的訓練我們都稱之為跆拳道的輔助訓練。

　　輔助訓練分為動作規範的訓練，力量速度的訓練，競技戰術的訓練，威力表演和比賽的訓練等。下邊這一組圖片所反映的主要是動作規範的輔助訓練方式。因為圖片較為直觀就不再贅述了。

側踢的輔助練習

1

　　在此特別提醒的是：在有助手協助訓練時一定要注意做好前期的準備活動，使身體各關節部位都充分的活動開來，而且，在助手用力拉伸、撇、壓、抬、舉、搬、扭身體各關節部位時一定要由輕到重，由慢到快，由低到高，有少到多，由易到難，堅持日積月累這樣才不會造成身體關節部位的損傷，同時我們自己也要量力而行，切不可好大喜功，貪大求全，急功近利，蠻幹妄為這樣只會造成自己的身體受損，從而影響正常的訓練，結果可能只是事倍功半，切記！切記！

側踢的輔助練習

2

側踢的輔助練習

3

輪踢的輔助練習

4

轉身後踢的輔助練習

5

橫踢、輪踢、勾踢的輔助練習

6

後踢、轉身後踢的輔助練習

7

後踢、轉身後踢的輔助練習

8

下劈踢的輔助練習

9

附二

跆拳道
高級品勢
（架型）

長短拳（右長左短）

1

長短拳（左長右短）

2

金剛防禦

3

牛形防禦

山型防禦

5

推山勢

6

平貫手

7

縱貫手

8

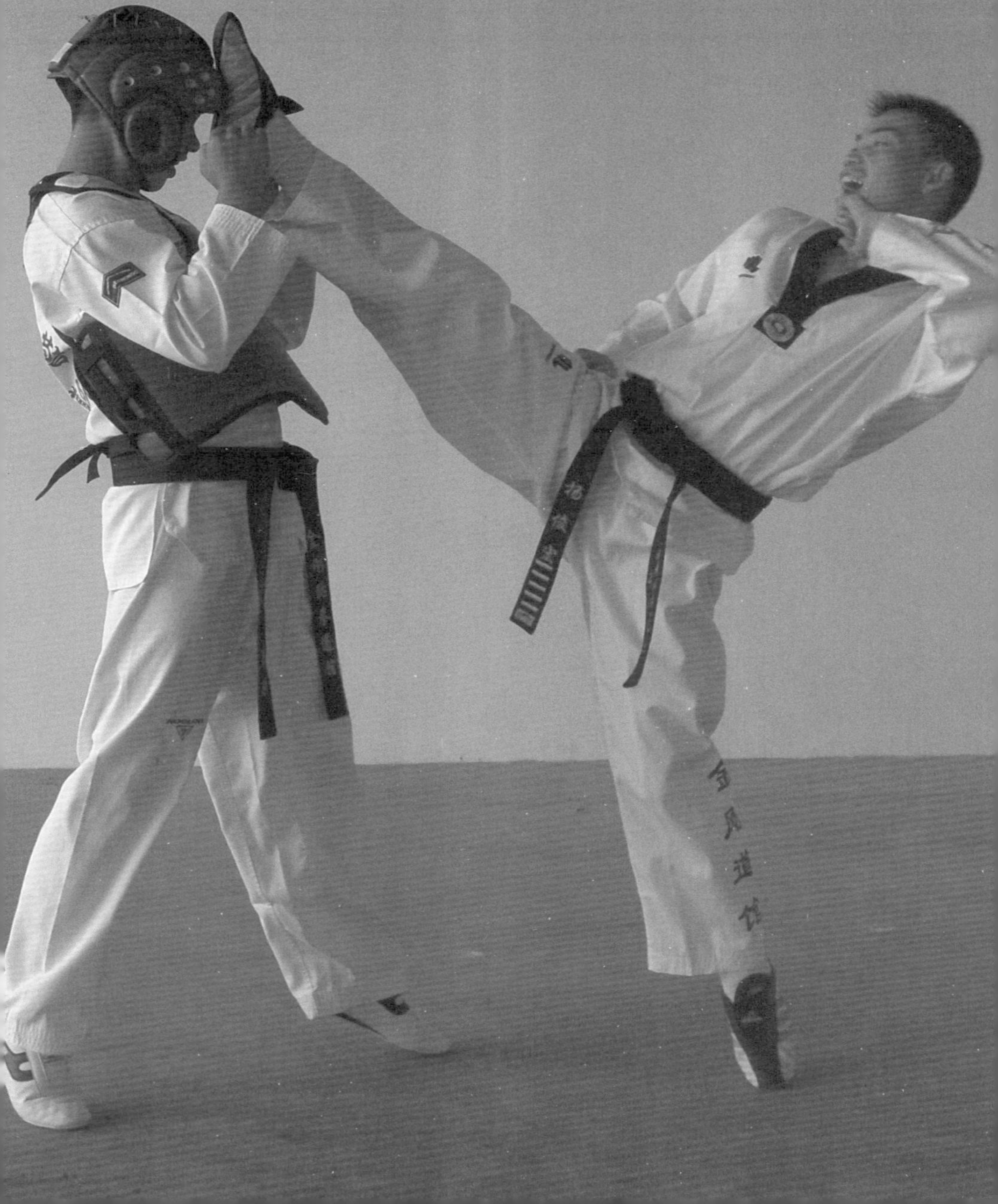

後記

比名稱？
還是
比實質？

　　在我 10 餘年的教學生涯中，不論是在教學中還是在朋友休閒談天之時，常有學生或朋友問我：「跆拳道厲害，還是拳擊厲害？或是跆拳道惡？還是泰拳惡（雲南方言）？」諸如此類的問題，最初我都沒有太留意，每每這時都正而八經地為他們講解一番，可是問的人多了，便覺得有必要在此專門為大家談一談我的看法和體會。

　　首先，我們從文字上來看：不論什麼道、什麼術、什麼拳，它的名稱叫跆拳道、拳擊、泰拳、猴拳、散打、太極拳或是別的什麼等等，不一而論，無非只是一個名詞，正如姓王、姓李、姓張一樣，只是一個姓氏罷了，並無什麼高低貴賤之分，只不過是因其不同的特色風格和相應的競賽規則，而分別代表了不同風格的武術運動項目罷了。

　　如跆拳道就比較注重用腳踢擊對手的技術，腳的踢擊技術應用在整個技術過程中占了 70% 以上，故而跆拳道也被稱為「踢」的藝術或「拳壇芭蕾」。

　　而拳擊又主要是講究用拳的技術擊打攻擊對手，而不允許用腳的技術踢擊對手……正是因為它們各自顯著的特點，使我們能很直觀地分辨它們是甲是乙而不是丙，從而不會將他們混為一談。

　　其次，大家為什麼很自然地會將這些拳種加以比較呢？原因就是一個，因為它們有一個共性，它們同屬於武術的範疇。它們雖然在風格、技術要求、競賽規則等方面存在差異，但都是一項體育運動項目，都有較強的對抗性。透過競技體現出一名運動員在體力、智力、耐力及自信心、勇氣等多方面的素質，從而達到磨練人的意志，振奮人的精神，使人具有頑強、勇敢、自信的優秀品質。

　　無論跆拳道也好，泰拳、猴拳、散打也罷，它們極強的對抗性就需要運動員具有良好的身體素質和頑強的拼搏精神。由於對抗的要求，雙方運動員不僅只是具有一定的技擊技術就可以的，更主要的是相互間在智力、體力、耐力、自信心等方面的較量和競爭，所以說這是一種鬥智鬥勇的運動，只有在思想上、精神上、技術上超過對手，才可能贏得勝利、取得成功。

　　設想一下，如果兩者中有一個人天資聰慧，由學習很快掌握了跆拳道的有關技術，可是平時卻耍小聰明，吃不了苦，害怕吃苦，害怕疼痛，而另外一個人掌握技術不算太好，但是卻有一種頑強拼搏、永不認輸的鬥志，平時刻苦訓練，細心琢磨，這樣，如果二者交鋒，結果我們可想而知，前者一定是敗者。因為古語說得好：「天道酬勤，勤能補拙。」由此可見，不論是泰拳、拳擊、散打或跆拳道，學習它們的技擊技術是不難的，經過一定時間的學習和努力是完全可以掌握的，但是這其中所包含的頑強、勇敢、自信、拼搏的精神卻是在別的武術項目中很難學到的。

　　再比如：馬克思、列寧、毛澤東、鄧小平等歷史偉人們，從其身體、相貌上是無特別之處的，可是馬克思列寧主義、毛澤東思想、鄧小平理論卻不知培養教育了多少代的青年朋友。由此我們可以看出，單一地從名稱上將跆拳道和拳擊、泰拳、猴拳等拳種進行比較就想得到誰厲害、誰比誰強的想法是過於片面和主觀的，是有失公允的。

　　最根本的是要瞭解學習它們的實質，即：跆拳道就是教會你三種方法，一種戰勝自我的方法；一種做人做事的方法；一種走向成功的方法。並努力去實踐之。

　　那麼，怎樣才能學到跆拳道的實質和精髓呢？我認為：

　　第一是從抓思想意識的提高入手，瞭解學習跆拳道的實質後就要努力地去實踐去體會，不僅在訓練場上要嚴格訓練，而且要放射到我們的日常生活中，從我們的一言一行、一舉一動入手，認真地做好每一件事，說好每一句話，時時不忘自己是一個武士，時時從嚴要求自己，當這種意識在潛移默化中逐漸的形成自己為人處事的習慣時，自然而然中就會有一種本立而道生的妙用。

　　第二是要放棄門派觀念，破除盲從的思想。本著古為今用、洋為中用的原則，博取眾長，不斷發現、學習、借鑒其他門派拳種優秀的技術，有創造性地總結、發現新技術、新方法，努力實踐、開拓創新，不斷地豐富我們的視野，充實我們的思想，以期達到精神與技術、形式與內容的有機結合和高度統一。

　　第三，願廣大的跆拳道愛好者從自身入手，耐住寂寞，貴在堅持，到那時，必將學到跆拳道之精髓，並由此展開自己全新的生活，為大家創造一個和平、友愛、有序的生活空間而不斷進取。

　　最後用一句話與大家互勉：高手過招，貴在細節！

作 者 簡 介

- 1989 年師從李踐先生學習跆拳道;
- 中國官方首批跆拳道項目赴韓國訪問團成員之一;
- 中國從事跆拳道運動傳播和推廣最早的教練之一;
- 中國最大規模跆拳道團體表演的教練、編導;（500 人、300 人）
- 世界職業跆拳道聯盟黑帶九段;
- 國家級社會體育指導員;
- 中國人民武裝員警 8750 部隊跆拳道總教練;
- 跆拳道指定教材《中國跆拳道》、《中國跆拳道實戰 100 例》、《跆拳道 200 問》、《跆拳道段位考核品勢精選》的作者;
- 1994 年、1998 年、1999 年、2000 年、2001 年、2004 年全國跆拳道錦標賽、青年錦標賽組委會委員;
- 雲南省青聯委員;
- 歷任雲南省跆拳道協會秘書長、昆明市跆拳道協會副主席、秘書長、總教練;
- 書法、美術作品分別被西安碑林博物館、廣東美術館、翰墨書畫院收藏;
- 榮立個人三等功 3 次;

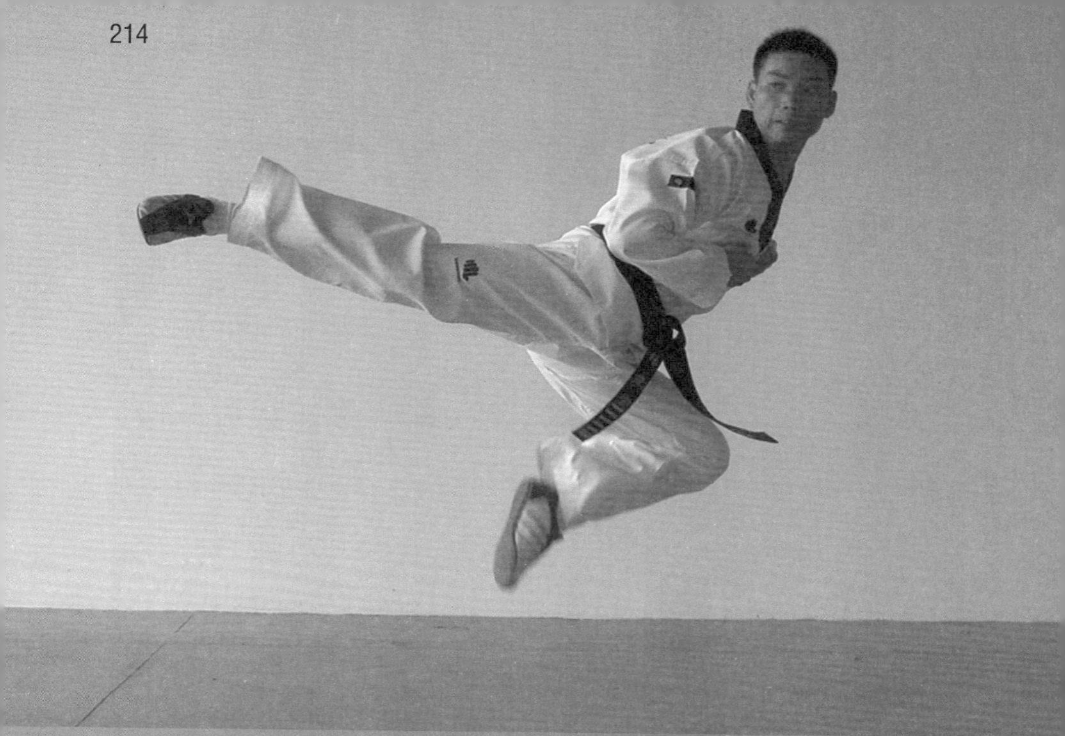

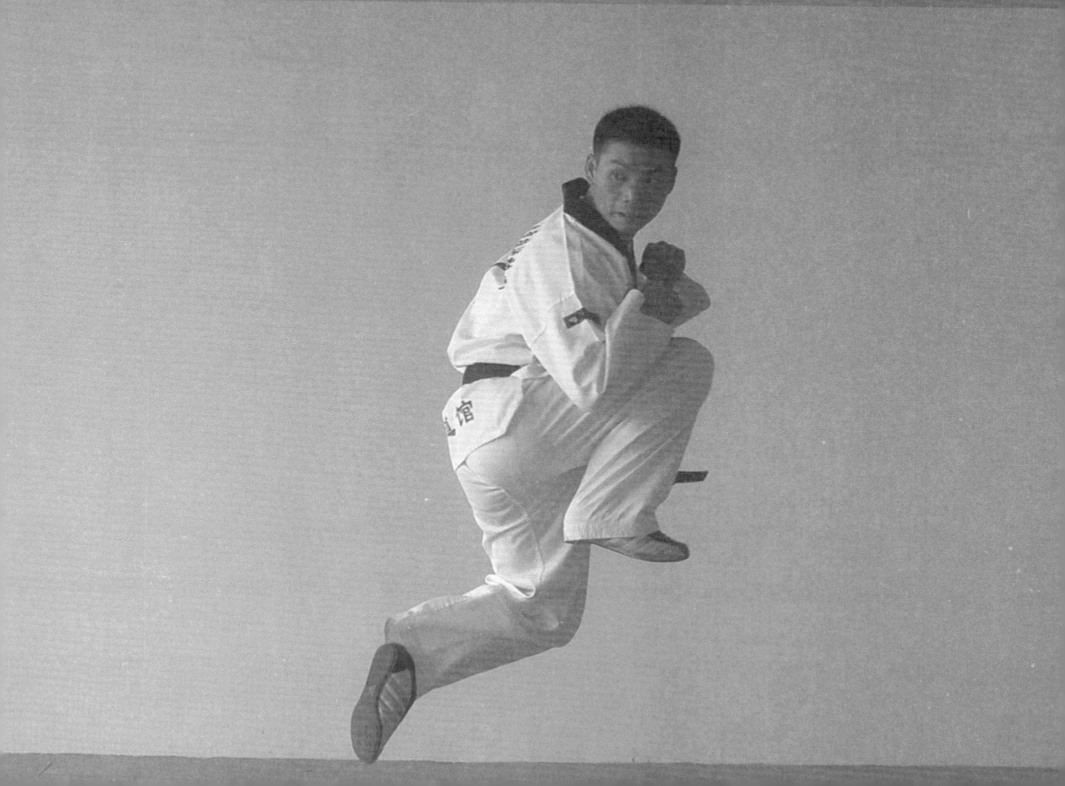

導引養生功

1 疏筋壯骨功+VCD
定價350元

2 導引保健功+VCD
定價350元

3 頤身九段錦+VCD
定價350元

4 九九還童功+VCD
定價350元

5 舒心平血功+VCD
定價350元

6 益氣養肺功+VCD
定價350元

7 養生太極扇+VCD
定價350元

8 養生太極棒+VCD
定價350元

9 導引養生形體詩韻+VCD
定價350元

10 四十九式經絡動功+VCD
定價350元

張廣德養生著作　　每冊定價350元

全系列為彩色圖解附教學光碟

輕鬆學武術

1 二十四式太極拳+VCD
定價250元

2 四十二式太極拳+VCD
定價250元

3 八式十六式太極拳+VCD
定價250元

4 三十二式太極劍+VCD
定價250元

5 四十二式太極劍+VCD
定價250元

6 二十八式木蘭拳+VCD
定價250元

7 三十八式木蘭扇+VCD
定價250元

8 四十八式太極劍+VCD
定價250元

彩色圖解太極武術

1 太極功夫扇
定價220元

2 武當太極劍49式
定價220元

3 楊式太極劍56式
定價220元

4 楊式太極刀
定價220元

5 二十四式太極拳+VCD
定價350元

6 三十二式太極劍+VCD
定價350元

7 四十二式太極劍+VCD
定價350元

8 四十二式太極拳+VCD
定價350元

9 楊式十六式太極劍拳
定價350元

10 楊氏二十八式太極拳+VCD
定價350元

11 楊式太極拳四十式+VCD
定價350元

12 陳式太極拳五十六式+VCD
定價350元

13 吳式太極拳五十六式+VCD
定價350元

14 精簡陳式太極拳八式十六式
定價220元

15 精簡吳式太極拳三十六式 拳架‧推手
定價220元

16 夕陽美功夫扇
定價220元

17 綜合四十八式太極拳+VCD
定價350元

18 三十二式太極拳 四段
定價220元

19 楊式三十七式太極拳+VCD
定價350元

20 楊氏五十一式太極劍+VCD
定價350元

21 嫡傳楊家太極拳精練二十八式

22 嫡傳楊家太極劍五十一式
定價220元

23 嫡傳楊家太極刀十三式
定價220元

太極跤

1 太極防身術
定價300元

2 擒拿術
定價280元

3 中國式摔角
定價350元

簡化太極拳

1 陳式太極拳十三式
定價200元

2 楊式太極拳十三式
定價200元

3 吳式太極拳十三式
定價200元

4 武式太極拳十三式
定價200元

5 孫式太極拳十三式
定價200元

6 趙堡太極拳十三式
定價200元

原地太極拳

1 原地綜合太極二十四式
定價220元

2 原地活步太極四十二式
定價200元

3 原地簡化太極拳二十四式
定價200元

4 原地太極拳十二式
定價200元

5 原地青少年太極拳二十二式
定價220元

6 原地兒童太極拳十捶16式
定價180元

太極跤

1 太極防身術

定價300元

2 擒拿術
定價280元

3 中國式摔角
定價350元

簡化太極拳

1 陳式太極拳十三式

定價200元

2 楊式太極拳十三式

定價200元

3 吳式太極拳十三式

定價200元

4 武式太極拳十三式

定價200元

5 孫式太極拳十三式

定價200元

6 趙堡太極拳十三式

定價200元

原地太極拳

1 原地綜合太極二十四式

定價220元

2 原地活步太極四十二式

定價200元

3 原地簡化太極拳二十四式

定價200元

4 原地太極拳十二式

定價200元

5 原地青少年太極拳二十二式

定價220元

6 原地兒童太極拳十捶十六式

定價180元

健康加油站

1 糖尿病預防與治療

定價200元

2 胃部機能與強健

定價180元

3 不孕症治療

定價200元

4 簡易醫學急救法

定價200元

5 肥胖健康診療

定價200元

6 肝功能健康診療

定價200元

7 高血壓健康診療

定價200元

8 高血糖值健康診療

定價200元

9 尿酸值健康診療

定價200元

10 膽固醇中性脂肪健康診療

定價200元

11 痛風劇痛消除法

定價180元

12 三溫暖健康法

定價180元

13 手‧腳病理按摩

定價180元

14 B型肝炎預防與治療

定價180元

15 吃得更漂亮、健康

定價180元

16 茶使您更健康

定價180元

17 圖解常見疾病運動療法

定價180元

18 科學健身改變亞健康

定價180元

19 簡易萬病自療保健

定價220元

20 王朝秘藥媚酒

定價180元

21 立見實效保健操

定價180元

22 越吃越幸福

定價200元

23 荷爾蒙與健康

定價180元

24 越吃越長壽

定價200元

25 自我保健鍛鍊

定價180元

26 斷食促進健康

定價180元

27 蔬菜健康法

定價200元

28 水果健康法

定價200元

運動精進叢書

1 怎樣跑得快
定價200元

2 怎樣投得遠
定價180元

3 怎樣跳得遠
定價180元

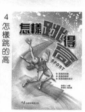

4 怎樣跳的高
定價180元

5 高爾夫揮桿原理
定價220元

6 網球技巧圖解
定價220元

7 排球技巧圖解
定價230元

8 沙灘排球技巧圖解
定價230元

9 撞球技巧圖解
定價230元

10 籃球技巧圖解
定價220元

11 足球技巧圖解
定價230元

12 羽毛球技巧圖解
定價220元

13 乒乓球技巧圖解
定價220元

14 曲線球與飛碟球
定價300元

15 街頭花式籃球
定價280元

16 精彩高爾夫
定價330元

17 巴西青少年足球訓練方法
定價230元

18 籃球個人技術全圖解+VCD
定價300元

19 門球（槌球）入門與提升180問
定價230元

快樂健美站

1 柔力健身球
定價280元

2 自行車健康享瘦
定價280元

3 跑步鍛鍊走路減肥
定價280元

4 創造健康的肌力訓練
定價220元

5 舒適超級伸展體操
定價280元

6 水中有氧運動
定價280元

7 雕塑完美身材
定價280元

8 創造超級兒童
定價280元

9 使頭腦變聰明
定價280元

10 防止老化的身體改造訓練
定價280元

11 三個月塑身計畫
定價280元

12 懶人族瑜伽
定價280元

13 忙裡偷閒練瑜伽基礎篇
定價240元

14 忙裡偷閒練瑜伽祛病養生篇
定價240元

15 健身跑激發身體的潛能
定價200元

16 中華鐵球健身操
定價180元

17 彼拉提斯健身寶典
定價280元

18 全身保健操＋VCD
定價280元

19 瑜伽美姿美容
定價180元

20 豐胸做自信女人
定價200元

21 輕鬆瑜伽治百病
定價280元

22 瑜伽秀體小品
定價280元

23 熱舞瘦身小品
定價280元

24 整形打造美麗
定價250元

常見病藥膳調養叢書

1 脂肪肝
脂肪肝四季飲食
定價200元

2 高血壓
高血壓四季飲食
定價200元

3 慢性腎炎
慢性腎炎四季飲食
定價200元

4 高脂血症
高脂血症四季飲食
定價200元

5 慢性胃炎
慢性胃炎四季飲食
定價200元

6 糖尿病
糖尿病四季飲食
定價200元

7 癌症
癌症四季飲食
定價200元

8 痛風
痛風四季飲食
定價200元

9 肝炎
肝炎四季飲食
定價200元

10 肥胖症
肥胖症四季飲食
定價200元

11 膽囊炎、膽石症
膽囊炎、膽石症四季飲食
定價200元

傳統民俗療法

1 神奇刀療法
刀療法
定價200元

2 神奇拍打療法
拍打療法
定價200元

3 神奇拔罐療法
拔罐療法
定價200元

4 神奇艾灸療法
艾灸療法
定價200元

5 神奇貼敷療法
貼敷療法
定價200元

6 神奇薰洗療法
薰洗療法
定價200元

7 神奇耳穴療法
耳穴療法
定價200元

8 神奇指針療法
指針療法
定價200元

9 神奇藥酒療法
藥酒療法
定價200元

10 神奇藥茶療法
藥茶療法
定價200元

11 神奇推拿療法
推拿療法
定價200元

12 神奇止痛療法
止痛療法
定價200元

13 神奇天然藥食物療法
天然藥食物療法
定價200元

14 神奇新穴療法
新穴療法
定價200元

15 神奇小針刀療法
小針刀療法
定價200元

16 神奇刮痧療法
刮痧療法
定價200元

17 神奇氣功療法
氣功療法
定價200元

品冠文化出版社

大展好書　好書大展
品嘗好書　冠群可期